L'amour et la

Pigault-Lebrun

Alpha Editions

This edition published in 2024

ISBN : 9789362995025

Design and Setting By
Alpha Editions
www.alphaedis.com
Email - info@alphaedis.com

As per information held with us this book is in Public Domain.
This book is a reproduction of an important historical work. Alpha Editions uses the best technology to reproduce historical work in the same manner it was first published to preserve its original nature. Any marks or number seen are left intentionally to preserve its true form.

NOTICE

SUR M. PIGAULT-LEBRUN.

Guillaume-Charles-Antoine PIGAULT-LEBRUN naquit à Calais le 8 avril 1753. Son père était président du tribunal appelé les *Traites*, qui jugeait de toutes les causes relatives à la fraude.

Il entra encore jeune au service, et était dans la gendarmerie de la maison du roi, lorsque la révolution arriva. En 1792, il fut inspecteur des remontes. Ce sont les seules fonctions qu'il ait remplies lors des troubles politiques. Long-tems après, le frère de Buonaparte, Jérôme, voulut l'emmener en Westphalie après l'avoir nommé son bibliothécaire; mais l'empereur s'y opposa, et après avoir porté le titre honorifique de cet emploi pendant trois jours, il resta à Paris, et n'alla point en Westphalie comme l'assurent certains recueils peu exacts et quelques libelles mensongers. C'est uniquement la démangeaison de faire de l'esprit aux dépens de la vérité qui a fait dire, dans je ne sais quelle biographie, qu'étant à la cour du roi Jérôme, il avait été l'*Horace du Mécène Corsico-Westphalien*. Depuis long-tems M. Pigault-Lebrun occupe une place dans une administration, et il n'a jamais intrigué pour faire sa fortune, ni ambitionné de parvenir aux honneurs.

M. Pigault-Lebrun jouit de deux réputations littéraires bien distinctes; et sous le rapport d'auteur dramatique, ce n'est plus le même homme considéré comme romancier; ses pièces de théâtre offrent un heureux mélange de sensibilité, de délicatesse et d'esprit, dont il est même trop prodigue et qui le fait remarquer entre tous les auteurs ses contemporains. C'est le successeur le plus distingué qu'ait eu Marivaux, et le meilleur disciple de son école. Toutefois on doit lui reconnaître plus de gaîté avec autant de brillant; mais il lui est inférieur en finesse, en comique de situations. Il est resté loin de son modèle dans l'analyse des sentimens du coeur des femmes, et surtout dans l'observation des convenances.

Avec le beau talent que M. Pigault-Lebrun a reçu de la nature, il eût été l'un des premiers écrivains de son siècle, si dans toutes ses productions il eût mis la circonspection qui est nécessaire à un auteur pour se faire lire de la bonne compagnie et toutes les classes du beau sexe.

Voici à peu de chose près la liste des pièces qu'il a composées depuis le commencement de sa longue carrière littéraire, outre celles qui sont insérées dans la présente collection.

Charles et Caroline, comédie, la première qui ait été jouée au Théâtre Français, après qu'il eût pris le titre de *Théâtre de la République*.

Les Dragons et les Bénédictines, et *les Dragons en cantonnemen*, comédies, jouées au théâtre de la Cité, en l'an II.

Les Moeurs et le Divorce, comédie, jouée au même théâtre, la même année;

Les Empiriques, comédie, jouée en l'an III au même théâtre.

Le Blanc et le Noir, drame, joué à la Cité, en l'an IV, ainsi que *l'Esprit follet*, comédie.

La Lanterne magique, jouée aussi à la Cité, en l'an VI; *Contre-tems sur contre-tems*, comédie, donnée aux Variétés.

Le Memnon français, comédie, jouée à Saint-Quentin en 1807, et ensuite aux Français.

L'Orphelin, comédie, jouée à la Cité.

En outre il a donné les pièces suivantes, jouées à divers théâtres: *Le Marchand provençal*, comédie; *La Mère rivale*, comédie; *Séraphine et Mendoce*, comédie; *la Joueuse*, comédie en vers; *L'Orpheline*, comédie; *Les Femmes rusées*, comédie; et *le Cousin et la Cousine*, comédie.

Il a donné à Feydeau *Les Sabotiers* et *le Major Palmer*, opéras-comiques.

Enfin il a fait, en société avec M. Chazet, *Les Comédiens d'une petite ville*, vaudeville; et avec M. Dumaniant, *Les Calvinistes*.

Nous ne donnerons pas ici la nomenclature de ses romans, qui serait longue et inutile. Pendant trente ans il ne s'est guère écoulé de mois qu'on n'en ait vu éclore un de sa composition; nul n'en a fait en aussi grand nombre que lui depuis Retif de la Bretonne, qui d'ailleurs était prodigieusement au-dessous de lui pour le style.

M. Pigault-Lebrun paraît maintenant se livrer à un genre plus sérieux et s'occuper d'ouvrages importans. Il vient de publier une histoire de France, en 6 volumes in-8°. Quel que soit le succès qu'elle obtienne, elle sera toujours jugée au-dessus de celles de Velly, du père Daniel, et autres historiens obséquieux ou prévenus.

M. Barba a recueilli les oeuvres de M. Pigault-Lebrun, auxquelles il a fait les honneurs d'un certain luxe typographique. Elles figureront sans doute dans toutes les bibliothèques des amateurs du plaisir et de ceux qui affectionnent un auteur spirituel et amusant, quel que soit le genre où il se soit exercé.

PERSONNAGES.

HORTENSE, jeune veuve.

MONDOR, vieux garçon.

AUGUSTE, cousin d'Hortense, jeune homme de seize à dix-sept ans.

MARTON, suivante d'Hortense.

DUMONT, valet de Mondor.

UN NOTAIRE.

UN LAQUAIS.

La scène se passe dans l'appartement d'Hortense.

L'AMOUR ET LA RAISON,
COMEDIE.
SCENE PREMIERE.
HORTENSE, MARTON.

(Elles sont assises à quelque distance l'une de l'autre. Hortense brode au métier, et Marton à la main.)

MARTON.

Il arrive aujourd'hui.

HORTENSE, avec un soupir.

Hélas! oui, mon enfant.

MARTON.

Cet hélas part de l'ame.

HORTENSE.

Que dites-vous, Marton?

MARTON.

Madame, je vous plains.

HORTENSE.

Ma chère amie, c'est à Mondor que je dus mon époux, cet époux qui me fut si cher; c'est à Mondor que cet époux mourant confia ma jeunesse, c'est Mondor qu'il nomma, si je devais jamais…

MARTON.

Et voilà bien les hommes. Jaloux de leurs droits pendant leur vie, ils veulent les étendre au-delà du tombeau. Vous aimiez votre époux, c'est fort bien.

HORTENSE.

Il était si aimable!

MARTON.

Oui, Madame, il était charmant; mais son ami ne lui ressemble guère.

HORTENSE.

Marton!

MARTON.

Non, Madame, Mondor ne lui ressemble pas. C'est un ami solide, raisonnable et raisonnant; mais il n'a rien de ce qu'il faut pour remplacer un mari de vingt-cinq ans, et pour consoler une femme de votre âge.

HORTENSE, froidement et avec hauteur.

Il suffit, je crois, qu'il me plaise...

MARTON.

Vous plaire! Il en est loin.

HORTENSE.

Vous prétendez...

MARTON.

Voir mieux que vous dans le fond de votre ame. Non, vous ne l'aimez pas.

HORTENSE, avec humeur.

Mademoiselle!

MARTON, affectueusement.

Même, quand vous boudez vos gens, vous êtes toujours adorable.

HORTENSE.

Allons, finis, ma bonne amie: tu m'aimes, je le sais...
Mais...

MARTON.

En ce cas, laissez-moi donc dire. Est-ce mon intérêt qui me détermine? Est-ce moi qui dois épouser Mondor? Que vous êtes étranges, vous autres maîtres! Vous voulez qu'on vous serve, vous voulez qu'on vous aime, vous voulez qu'on vous devine: on vient à bout de tout cela à force de travail et de réflexion; crac, un bon caprice nous déjoue, nous éloigne, et, pour s'épargner un moment de mauvaise honte, on se condamne à des regrets éternels.

HORTENSE.

Des regrets! Ah! Marton, des regrets avec Mondor!

MARTON.

Oui, Madame, avec Mondor. N'a-t-il pas cinquante ans?

HORTENSE.

Eh! qu'importe? il a du mérite.

MARTON.

Un mérite… sur le retour.

HORTENSE.

Il vient d'assurer ma fortune et mon repos, en terminant avec les héritiers de mon mari le procès le plus incertain.

MARTON.

Le grand miracle! Il n'est pas de mince procureur qui n'en eût fait autant.

HORTENSE.

J'espère que vous ne le confondez pas…

MARTON.

Ma foi, Madame, la comparaison n'a rien de révoltant. Un procureur vous eût pris de l'argent, Mondor demande votre main : c'est mettre ses services au plus haut intérêt.

HORTENSE.

Il ne demande rien. Tendre, mais soumis, Mondor attend tout de ma délicatesse. Depuis deux ans qu'il s'est éloigné pour me servir, il ne m'a pas écrit une lettre qui ne fût dictée par le plus pur désintéressement. Mais, Mademoiselle, ne lui dussé-je rien, les derniers voeux de mon époux…

MARTON.

Sont sans force dans le cas dont il s'agit. Lui donner pour successeur M. Mondor! c'est trop fort, en vérité, et je ne le souffrirai certainement pas.

HORTENSE.

Vos folies m'amusent quelquefois.

MARTON.

Ce n'est pas folie, c'est raison.

HORTENSE.

A la bonne heure; mais votre raison m'excède, finissez.

MARTON.

Quoi! sérieusement vous voulez…

HORTENSE.

Que vous vous taisiez, Mademoiselle.

MARTON.

Cependant, Madame…

HORTENSE.

Silence! je l'ordonne.

(Elle se lève.)

MARTON.

Soit, je me tais. (*En poussant de côté le métier d'Hortense.*) Il ne sera peut-être pas si facile d'imposer silence à votre petit cousin.

HORTENSE.

Mon cousin? un enfant.

MARTON, finement.

Un enfant? Oh! sans doute.

HORTENSE.

A qui je tiens lieu de mère.

MARTON.

Aussi vous respecte-t-il infiniment?

HORTENSE.

Que d'un coup d'oeil je fais tomber à mes pieds.

MARTON.

Et à qui l'attitude plaît beaucoup.

HORTENSE.

Le pauvre enfant n'est pas dangereux.

MARTON.

Cela peut être; mais il est bien aimable.

HORTENSE.

Il a pour lui la candeur de l'enfance.

MARTON.

Et une figure céleste, convenez-en.

HORTENSE, avec franchise.

Oui, il est bien.

MARTON.

Une gaîté franche...

HORTENSE, se livrant davantage.

Et pleine d'esprit, Marton.

MARTON.

C'est ce que je voulais dire. Riant toujours, et montrant...

HORTENSE.

Les plus belles dents...

MARTON.

Les plus belles dents du monde... Et cette fossette à la joue gauche...

HORTENSE.

Et ses espiégleries...

MARTON.

Charmantes, Madame, charmantes.

HORTENSE.

L'art n'approche pas de tout cela.

MARTON.

Il n'en connut jamais; et quand il vous dit qu'il vous aime, c'est si naturellement...

HORTENSE, reprenant le ton réservé.

Il m'aime, et il le doit.

MARTON.

Oh! il remplit ses obligations dans toute leur étendue.

HORTENSE.

Il sait ce qu'il doit à la reconnaissance.

MARTON.

C'est une belle vertu que la reconnaissance, mais je doute qu'il lui sacrifie son amour.

HORTENSE, avec sévérité.

Son amour! vous avez des expressions...

MARTON.

Bien révoltantes, peut-être, mais bien vraies, convenez-en.

HORTENSE.

Vous m'offensez, je vous en avertis.

MARTON.

C'est un malheur; mais je suis franche.

HORTENSE.

Votre opiniâtreté vise à l'impertinence.

MARTON.

Ah! Madame! Madame!... mais le voici, ce cher enfant; il n'a pas l'air de bonne humeur, et je crains qu'il ne soit plus impertinent que moi encore.

SCENE II.

HORTENSE, AUGUSTE, MARTON.

HORTENSE, à Auguste, qui, après l'avoir aperçue, veut s'éloigner.

Approchez, Auguste, approchez.

AUGUSTE.

Je ne voulais plus vous voir, Madame; non, je ne le voulais plus.

HORTENSE, le contrefesant.

Madame... je ne voulais plus vous voir... Quel langage, mon petit cousin?

AUGUSTE.

Non, vous n'êtes plus ma cousine... non, je ne dois plus vous voir, puisque... Enfin, Madame...

HORTENSE.

Ah! mon ami, comme tu me traites!

AUGUSTE.

Vous vous mariez, vous vous mariez, Madame, et vous ne pensez pas à votre pauvre petit cousin.

HORTENSE.

Je ne vois pas qu'il puisse se plaindre...

AUGUSTE.

Vous ne le voyez pas... vous ne le voyez pas... Je le crois, Madame; les droits sacrés de M. Mondor...

HORTENSE.

Ce sont ces droits qui doivent vous interdire les regrets, et même le plus léger murmure.

AUGUSTE.

Vous me jugez d'après vous. Vous êtes si raisonnable!

HORTENSE.

Qui vous empêche de l'être autant que moi?

AUGUSTE.

Il faudrait avoir votre insensibilité, et j'en suis bien éloigné. Croyez-vous, Madame…

HORTENSE.

Auguste, ne me parle donc plus ainsi, tu m'affliges.

AUGUSTE.

Je vous afflige, ma cousine, mon aimable cousine… Mais pensez donc, réfléchissez à ma situation. Je croyais n'avoir pour vous que de l'amitié, le retour de Mondor m'éclaire… Avez-vous cru que je passerais ma vie avec vous sans vous trouver charmante? vous êtes-vous flattée que mon coeur vous disputerait long-tems la victoire? Avez-vous pensé que Mondor pourrait me ravir un espoir?… Il arrive, ce Mondor, et il vous épouse!… Eh! que suis-je donc, moi? S'il vous a rendu service, il n'a fait que ce qu'il a dû, que ce qu'un autre, que ce que tous les hommes à sa place eussent fait avec transport. Quels sont ses titres pour vous obtenir? ses cinquante ans? je voudrais les avoir, s'il les faut pour vous plaire. (Tendrement.) Mais je les aurai avec le tems, ma belle cousine. Alors j'en aurai passé trente à vous adorer, à vous rendre heureuse, et dans trente ans je partirai du point où Mondor se trouve aujourd'hui. Pensez-y, divine Hortense, cela vaut la peine d'y réfléchir.

HORTENSE.

Finissez, Monsieur, vous êtes un enfant.

MARTON.

Mais un enfant bien aimable. Vous en conveniez tout à l'heure, Madame.

AUGUSTE.

Un enfant bien aimable! elle me trouve bien aimable, n'est-il pas vrai, Marton?

MARTON.
Oui, Monsieur, charmant, et Madame s'y connaît.

HORTENSE, à Marton.

Par excès d'attachement vous vous ferez congédier.

AUGUSTE.
La congédier! la congédier! Mondor est contre moi, vous êtes contre moi, tout l'univers est contre moi, il ne me reste que Marton, et vous voulez vous en défaire! Eh bien! Madame, congédiez-la, je la prendrai à mon service.

HORTENSE.
Oui, je vous le conseille, cela serait charmant.

AUGUSTE.
Votre Mondor me déplaît à un point... je le hais, au moins, je vous en avertis; je le tuerai... Oh! je le tuerai.

HORTENSE.
Parlons raison, mon enfant.

AUGUSTE.
Il n'y a raison qui tienne, c'est dit, je le tuerai.

HORTENSE.
Monsieur, il a droit à vos respects.

AUGUSTE.
Je n'ai jamais appris à respecter un rival.

HORTENSE.
Continuez, Monsieur, compromettez-moi, exposez ma réputation, affligez un galant homme!...

AUGUSTE.
Un galant homme... qui veut vous épouser!

HORTENSE.
Quel homme faut-il donc que j'épouse?

AUGUSTE.
Moi, Madame, moi.

HORTENSE.

Vous êtes honnête, sans doute, mais cela ne suffit pas.

AUGUSTE.

Je ne vois pas ce qui me manque.

HORTENSE.

Il faudrait d'abord n'être pas un enfant.

AUGUSTE.

Eh! qu'importe mon âge, si je sais vous aimer?

HORTENSE.

Avoir un état qui…

AUGUSTE.

J'en aurai bientôt un. Aujourd'hui l'honneur, les moeurs, les talens mènent à tout, et je me sens abondamment pourvu de tout cela.

HORTENSE.

Vous êtres modeste.

AUGUSTE.

Je suis amoureux, et l'amour rend capable de tout; entendez-vous, Madame? il rend capable de tout.

HORTENSE.

Ce jeune homme veut me faire la loi.

AUGUSTE, aux genoux d'Hortense.

Vous faire la loi? ah! Hortense, Hortense, qu'avez-vous dit ? vous donner des lois, moi qui suis soumis aux vôtres…

HORTENSE, souriant.

Et qui les recevez à genoux.

AUGUSTE.

Me faites-vous un crime de mon entier dévouement?

HORTENSE.

Non, mon ami; mais il des circonstances où l'amour doit se taire devant la raison. Vous connaissez les motifs qui m'unissent à Mondor; il arrive aujourd'hui, il doit compter sur ma main; il a ma parole, et bien certainement je ne la retirerai pas.

UN LAQUAIS, annonçant.

Un valet de M. Mondor.

(Il sort.)

HORTENSE, troublée.

Son valet, son valet, Marton. (A Auguste.) Si je vous suis chère, mon petit cousin, de grâce, retirez-vous.

AUGUSTE.

Me retirer, Madame! Oh! non, non, bien décidément non.

HORTENSE.

Quand on aime une femme, Monsieur, on ne lui refuse rien.

AUGUSTE.

Quand on fait quelque cas d'un parent, Madame, on le ménage davantage.

MARTON.

Mais voici ce valet.

HORTENSE.

Partez, Monsieur, ou restez, que m'importe? Mais je ne crois plus à votre attachement, je vous en avertis.

AUGUSTE.

Si vous étiez assez injuste pour en douter un moment…

HORTENSE.

Si vous aviez la moindre délicatesse, vous ne me résisteriez pas.

AUGUSTE.

Je me retire, je me retire, Madame. Que ferez-vous pour le maître, si vous me chassez pour le valet?

(Il sort.)

SCENE III.

DUMONT, fesant des révérences, HORTENSE, MARTON.

HORTENSE, à Marton.

Reçois ce garçon, reçois-le… dis-lui… ce que tu voudras; car pour moi, je ne pourrais ni l'entendre ni lui répondre.

SCENE IV.

DUMONT, MARTON.

DUMONT.

Votre maîtresse sort bien précipitamment, Mademoiselle.

MARTON.

Ce n'est pas ma faute, Monsieur.

DUMONT.

Aurait-elle oublié Dumont?

MARTON.

Dumont a une de ces figures qu'on n'oublie jamais.

DUMONT.

Il joint à ses agrémens personnels les prérogatives d'un ambassadeur.

MARTON.

Ambassadeur? ah! de M. Mondor?

DUMONT.

De M. Mondor.

MARTON.

Il écrit qu'il arrive?

DUMONT.

Il fait mieux, il arrive en effet.

MARTON.

J'en suis ravie.

DUMONT.

Il me suit.

MARTON.

Il vous suit? Je rejoins ma maîtresse, elle aura besoin de moi pour se préparer à une entrevue de cette importance.

SCENE V.

DUMONT.

Quelle conduite originale! la maîtresse m'évite, la suivante s'échappe, et mon maître… Mon maître aurait-il attendu si tard pour faire une sottise?

Dois-je la laisser consommer, moi, valet intelligent et attaché? Que ces dames ne se flattent pas de m'en faire accroire! Je suis assez fin pour pénétrer leurs petits mystères, et assez adroit pour faire échouer leurs projets.

SCENE VI.

DUMONT, MONDOR.

MONDOR.

Eh bien! m'as-tu annoncé?

DUMONT.

Oui, Monsieur.

MONDOR.

Et on m'attend?...

DUMONT.

Sans impatience, à ce qu'il m'a paru.

MONDOR.

Que dis-tu?

DUMONT.

La vérité. Tenez, Monsieur, je connais le coeur humain, et vous ferez sagement de prendre de mes almanachs.

MONDOR.

Ah! ah!

DUMONT.

Oui, Monsieur. D'abord mon calcul porte sur des faits. Votre mariage est arrangé, vous arrivez; j'accours avec l'empressement d'un homme qui croit apporter une nouvelle agréable, Hortense disparaît; je vous annonce à la soubrette, elle me laisse à mes réflexions, et je vous avoue, Monsieur, que je n'en ai pas fait de bien satisfesantes.

MONDOR.

Je te reconnais là: toujours inquiet et soupçonneux.

DUMONT.

Vous ne doutez de rien, vous, Monsieur: le chien d'amour-propre...

MONDOR.

L'amour-propre? eh! j'ai donc de l'amour-propre, moi?

DUMONT.

Tout comme un autre, Monsieur. Il n'est pas d'homme qui ne soit un peu femme de ce côté-là.

MONDOR.

Enfin tu veux que je me défie d'Hortense, et que je m'en rapporte tout-à-fait à toi.

DUMONT.

Je ne veux rien, Monsieur; mais je crois qu'il est plus sage de prévenir des regrets, que d'y chercher un remède…

MONDOR.

Qu'on ne trouve pas toujours.

DUMONT.

C'est cela, Monsieur, c'est cela.

MONDOR.

Cependant, si tes observations suffisent pour t'alarmer, elles ne m'autorisent pas à douter absolument de la sincérité d'Hortense. Sans manquer aux égards que je dois à ton discernement, il m'est, je crois, permis de voir les choses par mes yeux, de parler, de pressentir…

DUMONT.

Oui, Monsieur, voyez, parlez, pressentez; adressez-vous même, si vous le voulez, à M. Auguste.

MONDOR.

Auguste est toujours ici?

DUMONT.

Je l'ai aperçu en entrant.

MONDOR.

Il se pourrait fort bien que deux ans d'absence eussent apporté quelque changement dans la façon de penser d'Hortense.

DUMONT.

Oui, certainement, Monsieur.

MONDOR.

Après tout, je ne suis pas encore marié.

DUMONT.

Non, Dieu merci.

MONDOR.

Et pour peu que j'entrevoie du louche…

DUMONT.

Oh! il y a du micmac; vous verrez, vous verrez.

MONDOR.

Dumont?

DUMONT.

Monsieur?

MONDOR.

Il y avait autrefois ici une suivante…

DUMONT.

Marton?

MONDOR.

Oui, Marton.

DUMONT.

Elle y est toujours; fille charmante, en honneur.

MONDOR.

Va me la chercher.

DUMONT.

Elle est fine, ne vous y jouez pas.

MONDOR.

N'importe, je veux l'interroger.

DUMONT, d'un air capable.

Si vous me chargiez de ce soin, Monsieur?

MONDOR.

C'est-à-dire que Monsieur a plus d'esprit que moi.

DUMONT.

Non, Monsieur, mais…

MONDOR.

Va me la chercher, te dis-je, je veux l'interroger.

DUMONT.

J'y vais, Monsieur.

MONDOR.

Que notre conversation soit un secret entre nous, entends-tu?

DUMONT.

Parbleu! c'est bien à moi qu'on fait de telles recommandations.

SCENE VII.

MONDOR.

Le drôle n'est pas sot, et il serait possible qu'Hortense… Cependant ses lettres sont positives. Elle m'attend, dit-elle, elle voit avec plaisir approcher le moment… Dans le fait, ses lettres et sa conduite ne s'accordent pas trop. Quelle serait la cause?… Peut-être une de ces raisons dont les femmes ne conviennent jamais, que souvent elles n'osent s'avouer à elles-mêmes, une inclination naissante. Oui, il n'y aurait là rien que de très-ordinaire. Peut-être Hortense craint-elle de revenir sur ses pas, peut-être craint-elle une rupture qui lui ferait perdre de mon estime; mais, dans tous les cas, et comme dit fort bien M. Dumont, il est plus sage de prévenir des regrets que d'en chercher le remède.

SCENE VIII.

MARTON, MONDOR.

MARTON, fesant des révérences.

Monsieur me demande?

MONDOR.

Oui, mon enfant.

MARTON, s'approchant, et saluant encore.

Que veut Monsieur?

MONDOR.

D'abord, que tu laisses de côté l'étiquette qui m'ennuie, et que tu me répondes avec franchise: t'en sens-tu capable?

MARTON.

La question est captieuse.

MONDOR.

Tu dois la trouver naturelle, si tu aimes ta maîtresse.

MARTON.

Autant que vous.

MONDOR.

C'est beaucoup dire; mais venons au fait: où est Hortense?

MARTON.

Dans son appartement.

MONDOR.

Qu'y fait-elle?

MARTON.

Elle attend la fin d'une horrible migraine…

MONDOR, à part.

Ahi, ahi, ahi.

MARTON.

Que la nouvelle de votre retour a presque entièrement dissipée.

MONDOR.

Serait-elle devenue sujette aux migraines? Je l'ai toujours connue raisonnable.

MARTON.

L'un n'exclut pas l'autre, Monsieur. Une migraine est quelquefois le fruit de longues et profondes réflexions.

MONDOR.

Et peut-être a-t-elle aujourd'hui ample matière à réfléchir?

MARTON.

Ses réflexions me sont étrangères, Monsieur, ses incommodités me sont connues; parce que je dois ignorer les premières, et que mon devoir est de soulager les secondes.

MONDOR.

Tu as de l'esprit, Marton.

MARTON.

Vous êtes bien bon, Monsieur.

MONDOR.

Tu veux me voir venir, jouer avec moi de finesse; je vais te forcer à répondre catégoriquement: je compte épouser ta maîtresse.

MARTON.

Elle a pris son parti là-dessus.

MONDOR.

Ah! elle a pris son parti là-dessus: pour une fille d'esprit, l'expression est un peu hasardée.

MARTON.

Selon la civilité, cela se peut; selon la vérité, il n'en est pas de plus exactement littérale.

MONDOR.

C'est-à-dire que ta maîtresse n'a pas d'amour pour moi.

MARTON.

Je ne crois pas, Monsieur.

MONDOR.

Cependant elle m'épouse.

MARTON.

Qu'est-ce que cela prouve? Avec de la vertu et de l'amitié, on doit remplir les voeux de l'époux le plus exigeant.

MONDOR.

Fort bien, je ne dois prétendre qu'à de l'amitié dirigée par la vertu.

MARTON.

Que de maris voudraient pouvoir compter sur ce que vous rejetez si dédaigneusement!

MONDOR.

J'aurais tort de me montrer aussi difficile qu'un jeune homme de vingt ans. A mon âge, on ne fait plus la loi, on la reçoit ; et comme tu dis, un mari est trop heureux que sa femme ait pour lui de l'amitié, pourvu toutefois qu'elle n'ait d'amour pour personne.

MARTON.

Oh! à ce égard-là, Monsieur…

MONDOR.

A cet égard-là?…

MARTON.

Je ne sais rien, Monsieur, absolument rien.

MONDOR.

En vérité?

MARTON.

D'honneur.

MONDOR, tirant une bourse.

Marton?

MARTON.

Monsieur?

MONDOR.

Vois-tu cette bourse?

MARTON.

Oui, Monsieur.

MONDOR.

Elle est à toi si tu veux…

MARTON.

Si je veux vous tourmenter et mentir.

MONDOR.

Tu ne sais rien?

MARTON.

Rien du tout.

MONDOR.

En ce cas, je garde ma bourse.

MARTON, avec humeur.

Vous avez raison, Monsieur, on est si souvent trompé par ceux qu'on a bien payés, qu'il est naturel de se défier même de ceux qui disent la vérité.

MONDOR.

Ah! Marton est piquée.

MARTON.

Piquée pour un peu d'or! Vous me connaissez mal.

MONDOR.

Ah! tu n'aimes pas l'argent? Si cependant je te donnais ma bourse?

MARTON.

Je la prendrais, Monsieur.

MONDOR.

C'est bien honnête.

MARTON.

Mais aussi tranquillement que je vous ai vu la remettre dans votre poche.

MONDOR.

Eh bien! prends, c'est le présent de noces.

MARTON.

Et si par hasard la noce n'a pas lieu?

MONDOR.

En ce cas-là j'aurai donné sans condition. (*A part.*) Dumont a raison: elle est fine! Je gagnerai davantage à m'expliquer avec la maîtresse.

MARTON.

Monsieur se parle à lui-même?

MONDOR.

Je dis que j'ai la plus grande envie de voir ta maîtresse.

MARTON.

Vous n'attendrez pas long-tems, Monsieur, la voici.

SCENE IX.

MONDOR, HORTENSE, MARTON.

MARTON, pendant qu'Hortense et Mondor se saluent.

Tirer de l'argent et ne rien dire, voilà le fin du métier.

HORTENSE, contrainte.

Je vous attendais avec impatience.

MONDOR.

J'étais, Madame, plus impatient que vous encore.

HORTENSE.

Je vous dois des excuses, Monsieur; une légère indisposition…

MONDOR, finement.

Je le sais, Madame, je le sais… Laissons cela, parlons d'abord de ce qui vous touche personnellement. Voilà votre portefeuille, je vous le remets dans un état que ni vous ni moi n'osions espérer. Votre fortune était incertaine; elle est assurée maintenant, et de ce côté ma tâche est remplie.

HORTENSE, prenant le portefeuille.

Mille grâces, Monsieur…

MONDOR.

Il me reste à parler d'un article qui peut-être n'intéresse que moi.

HORTENSE.

Que vous, Monsieur?

MONDOR.

Ou qui du moins m'intéresse plus que personne; notre mariage, Madame.

MARTON, à part.

Ah! voilà le diable.

HORTENSE.

Vous n'avez plus d'intérêts qui ne soient les miens, Monsieur, et un hymen qui peut assurer votre félicité doit remplir tous mes désirs.

MONDOR, à part.

Doit remplir. (*Haut.*) Mon coeur me dit de vous croire.

HORTENSE.

Et votre délicatesse vous en fait une loi.

MONDOR.

Supérieurement raisonné, Madame. Cependant je veux vous mettre à votre aise. Vous m'avez promis votre main dans un de ces momens où la douleur ferme l'ame à toute autre sensation. Mes soins, mes services vous ont fait persévérer dans ce dessein; mais je suis loin de prétendre que vous mettiez plus d'importance à ce que j'ai fait pour vous, que je n'y en attache moi-même: je suis loin d'abuser de votre consentement, de votre reconnaissance, pour vous imposer des lois qui peseraient à votre coeur.

HORTENSE, embarrassée.

Qui peseraient à mon coeur? Le croyez-vous, Monsieur?

MARTON, à part.

Il aurait tort.

MONDOR.

Il ne s'agit pas de mon opinion, Madame; c'est de votre bonheur futur qu'il faut nous occuper: j'ai cinquante ans, je ne suis pas beau, et j'ai des défauts tout comme un autre.

HORTENSE.

J'ai aussi les miens, Monsieur, et si vous exigez une épouse parfaite…

MONDOR.

De la perfection, Madame, il n'en existe point. Vous avez des défauts moins sensibles, sans doute, en ce qu'ils sont cachés sous les grâces de la jeunesse. N'importe: un homme raisonnable, sans déifier les faiblesses de l'objet aimé, sait au moins fermer les yeux sur celles qui ne tirent point à conséquence. Je connais votre ame, elle est noble et franche, et je m'en rapporterai entièrement à vous.

HORTENSE.

S'il est ainsi, Monsieur, pourquoi multiplier des questions qui ne sont pas flatteuses?

MONDOR, avec ménagement.

Madame, Madame, il vaut mieux être indiscret la veille d'un mariage, qu'importun le lendemain.

HORTENSE, avec hauteur.

Monsieur!

MONDOR.

Ce n'est pas là le langage à la mode, je le sais, Madame; mais vous pardonnerez ce que mes expressions ont de désagréable en faveur du motif qui me les arrache. Je reviens. Vous n'avez plus d'intérêts qui ne soient les miens, dites-vous? Comme ami, je n'en doute pas; comme époux, c'est autre chose.

HORTENSE.

Continuez, Monsieur, continuez.

MONDOR.

C'est ce que je veux faire, Madame. Je veux m'expliquer entièrement avec vous, pour n'avoir plus qu'à jouir de mon bonheur, quand vous l'aurez assuré. De la fortune, de la raison, de la probité et un sincère attachement, cela peut-il vous suffire? Si votre coeur est libre, c'en est assez; s'il est prévenu pour un autre, ces qualités sont insuffisantes, et je me retire sans plainte, sans murmure. Imitez-moi, Madame, et bannissez toute espèce de dissimulation.

HORTENSE.

Je n'ai jamais conçu qu'une femme pût donner sa main sans son coeur. Si elle n'éprouve pas les feux ardens de l'amour...

MONDOR.

Ce n'est pas ce que je demande, ni même ce que je désire.

HORTENSE.

Si elle n'éprouve pas les feux ardens de l'amour, elle doit au moins céder à un sentiment de préférence...

MONDOR.

Et ce sentiment de préférence, vous l'éprouvez, Madame, vous l'éprouvez en ma faveur? vous en êtes certaine?

HORTENSE.

Monsieur, si je connaissais quelqu'un que j'estimasse plus que vous, je ne vous épouserais pas.

MONDOR, à part.

Honnêtement, je ne peux pas insister davantage. (*Haut.*) Je n'ai plus de doute, Madame; mon respect ne me permet plus d'en avoir, et vous connaîtrez, par l'ardeur de mes démarches, combien je suis flatté d'être a vous.

SCENE X.

HORTENSE, MARTON

HORTENSE.

Eh bien! Marton?

MARTON.

Eh bien! Madame?

HORTENSE.

Que dis-tu de cette explication?

MARTON.

Elle n'est pas d'un bon augure.

HORTENSE.

Devais-je m'y attendre?

MARTON.

Oh! non, sans doute.

HORTENSE.

S'il m'eût jamais écrit ce qu'il vient de me dire…

MARTON.

Les choses seraient moins avancées, je le crois.

HORTENSE.

Mais qu'a-t-il? Que me veut-il? Réponds, réponds donc; car cela est fait pour inquiéter, au moins.

MARTON.

Les hommes sont si bizarres!

HORTENSE.

Il était avec toi, que te disait-il? Que lui répondais-tu? Aurais-tu donné matière à des soupçons?…

MARTON.

J'ai été impénétrable.

HORTENSE.

Il t'a donc aussi questionnée?

MARTON.

Pendant une heure.

HORTENSE.

Et tu n'es convenue de rien?

MARTON.

Convenue de quoi, Madame?

HORTENSE.

Eh! mon Dieu! vous m'entendez de reste! Mais vous êtes ingénieuse à me tourmenter.

MARTON.

Eh bien! j'ai nié, Madame, j'ai nié obstinément.

HORTENSE.

Vous avez nié! Et qu'avez-vous nié?

MARTON.

Ce dont je ne pouvais convenir sans vous compromettre.

HORTENSE.

Des bévues ou des impertinences! voilà tout ce que vous faites; voilà tout ce que vous savez faire.

MARTON.

Mais, Madame, il y a un désordre dans vos idées…

HORTENSE.

Ce désordre est dans votre tête, Mademoiselle. Avoir aussi peu d'intelligence, cela est inconcevable! Et me répondre énigmatiquement… Elle ne sauvera rien à ma délicatesse. Voyez si elle parlera.

MARTON.

Mais je ne sais que dire, moi, Madame, en vérité.

HORTENSE.

Insupportable fille! Mondor vous a-t-il parlé d'Auguste? Avez-vous prononcé son nom? avez-vous fait l'aveu…

MARTON.

De quoi, Madame?

HORTENSE, très-vivement.

Des étourderies de ce jeune homme, de l'embarras affreux où elles me mettent.

MARTON.

Il n'a pas été question de lui.

HORTENSE, hors d'elle-même.

Tant pis, Mademoiselle, tant pis. Mondor sait qu'Auguste est chez moi, qu'Auguste est charmant. Votre affectation à n'en pas parler aura fait naître ces soupçons que j'ai si peu mérités, et dont je ne me consolerai jamais. Quelles conséquences Mondor n'aura-t-il pas tirée de vos petits détours? Il faudra que je supporte vos étourderies, que je m'excuse… M'excuser! cet enfant m'aime, est-ce ma faute? S'il menace, s'il éclate, pourrai-je lui imposer silence? Avec les intentions les plus pures, on a donc besoin d'indulgence! Quelle cruelle situation! Il faut cependant que je déclare tout à Mondor; et comment m'y prendre à présent? j'aurai l'air de ruser, de vouloir cacher mes démarches, ou de m'en permettre de répréhensibles. Que je suis malheureuse!

MARTON.

C'est moi, Madame, qui suis la seule à plaindre. On me questionne, j'élude; on me presse, je me défends: je crois bien faire, et je suis blâmée. Parler d'Auguste, n'était-ce pas mettre à des bagatelles une importance… (*Finement.*) une importance que vous n'y attachez pas, puisque vous n'aimez pas cet enfant.

HORTENSE.

Je ne l'aime pas! je ne l'aime pas!… Non, sans doute, je ne l'aime pas; mais ces soupçons de Mondor, sur qui peuvent-ils tomber, si ce n'est sur Auguste? Vous verrez que je serai forcée de l'éloigner, et vous en serez l'unique cause.

MARTON.

Mais, Madame, s'il était si nécessaire de le rappeler au souvenir de M. Mondor, qui vous a empêchée d'en parler vous-même, et de?…

HORTENSE.

J'en aurais parlé à Mondor, quand j'ose à peine vous en parler, à vous; quand je ne puis y penser sans une émotion… bien innocente à la vérité, mais dont Mondor se serait aperçu… Sais-je ce qu'il se serait imaginé? Pauvre Auguste, tu seras malheureux, je le serai de ta peine, et cela parce que cette fille veut avoir de l'esprit! Quelle sotte prétention! sur quoi est-elle fondée? Je voudrais ne vous avoir jamais vue. (*Elle s'éloigne.*)

MARTON, la suivant d'un ton suppliant.

Madame, Madame!

HORTENSE, sortant.

Ne me suivez pas, je vous le défends.

SCENE XI.

MARTON.

Les voilà, les voilà bien. Faites tout pour eux, un moment d'humeur rend vos services nuls. On vous cherche des torts que vous n'avez pas, pour se dissimuler ceux qu'on a effectivement. Oh! le sot métier que de servir des gens qui ne sont jamais d'accord avec eux-mêmes, et qui vous imputent leurs sottises, par cela seul qu'ils ne savent à qui s'en prendre.

SCENE XII.

MARTON, DUMONT.

DUMONT.

Ah! te voilà?

MARTON, avec humeur.

Après.

DUMONT, après l'avoir regardée fixement.

La journée est nébuleuse.

MARTON.

Croyez-vous cela, M. Dumont?

DUMONT.

Oui, l'air du bureau n'est pas bon pour moi.

MARTON.

C'est malheureux.

DUMONT.

Cependant il serait désagréable de quitter ainsi la partie.

MARTON.

Il est plus prudent de la quitter que de la perdre.

DUMONT.

C'est à peu près la même chose.

MARTON.

Quand on prévoit si bien les coups, on n'expose pas son enjeu.

DUMONT.

Tu es revêche.

MARTON.

Que t'importe?

DUMONT.

Oh! cela m'est égal.

MARTON.

Je le crois..

DUMONT.

Mais la conduite de ta maîtresse…

MARTON.

Es-tu fait pour y trouver à dire?

DUMONT.

Non pas moi, si tu veux, mais mon maître…

MARTON.

Ton maître?

DUMONT.

Il commence à penser comme moi.

MARTON.

Aussi sots l'un que l'autre.

DUMONT.

C'est bien flatteur.

MARTON.

Au fait! que veux-tu? Tu n'es pas venu ici sans dessein?

DUMONT.

Te faire part de mes observations.

MARTON.

C'est inutile.

DUMONT.

Mon maître et ta maîtresse vont faire une folie.

MARTON.

Tu n'auras pas le crédit de les en empêcher.

DUMONT.

Ce ne sera pas moi, mais M. Auguste…

MARTON.

M. Auguste?…

DUMONT.

Il adore ta maîtresse.

MARTON.

Qui te l'a dit?

DUMONT.

Je m'en suis aperçu.

MARTON.

Voyez quel tact!

DUMONT.

Oserais-tu le nier?

MARTON.

Aurais-tu conçu le projet de m'en faire convenir?

DUMONT.

Pourquoi pas.

MARTON.

Tu te crois bien fin?

DUMONT.

Assez pour te faire parler.

MARTON.

Je t'en défie.

DUMONT.

C'est fait.

MARTON.

C'est fait?

DUMONT.

Oui, tu as avoué.

MARTON.

Il est fort, celui-là.

DUMONT.

Si Auguste n'aimait pas ta maîtresse, au premier mot que je t'en ai dit, tu aurais jeté les hauts cris (je suis l'homme de confiance du futur); et si la chose était seulement incertaine, tu te serais défendue. Tu réponds par monosyllabes, tu veux rompre les chiens; atteinte et convaincue.

MARTON.

Ah! tu interprètes jusqu'à mon silence?

DUMONT.

Un habile homme tire parti de tout.

MARTON.

Et quand Auguste aimerait ma maîtresse, qu'en conclurais-tu?

DUMONT.

Qu'ayant pour lui bien des avantages que d'autres n'ont pas, il est payé de retour: n'est-il pas vrai?

MARTON.

Je suis muette.

DUMONT.

Réponds, Marton; Auguste est aimé?

MARTON.

Je suis muette, te dis-je.

DUMONT.

Qui ne dit rien, consent; prends-y garde.

MARTON, avec force.

Eh! non, non, non; Hortense ne l'aime pas.

DUMONT.

Tu me le dis d'un ton qui me persuade le contraire.

MARTON.

Que le diable t'emporte!

DUMONT.

Que le ciel te le rende!

MARTON.

Dumont, jasons d'amitié, et laissons là l'esprit: depuis deux heures le mien ne m'a fait faire que des bévues. Que nous fassions bien ou mal, nos services sont pesés au poids du caprice. Aidons-nous, au lieu de nous nuire.

DUMONT.

Tope. Sois vraie, d'abord. Auguste aime ta maîtresse, et ta maîtresse aime Auguste.

MARTON.

Eh! sans doute; mais…

DUMONT.

Quoi, mais?…

MARTON.

Quel usage veux-tu faire de cet aveu?

DUMONT.

Le reporter à mon maître, qui n'a pas de caprices, et qui pèse mes services au poids de la raison.

MARTON.

Ah! fripon, double fripon.

DUMONT, la contrefesant.

Il vaut mieux quitter la partie que de la perdre.

MARTON.

Dumont, mon ami Dumont, je t'en prie, je t'en supplie!

DUMONT.

Tu verras que mon maître et moi ne sommes pas si sots.

MARTON.

Mon cher petit Dumont!

DUMONT.

Je suis inexorable.

MARTON.

Me voilà renvoyée indubitablement.

DUMONT.

Non pas, non. M. Mondor saura prudemment concilier ses intérêts et les tiens. Vous conserverez, lui, sa liberté, toi, ta condition; il le faut, je le veux, et je viens de te donner un échantillon de mon savoir-faire, qui doit te convaincre de ma capacité.

SCENE XIII.

MARTON.

Haïe en secret de Mondor, dont j'ai éventé les finesses, querellée par ma maîtresse, jouée par ce valet, et cependant plus fine qu'aucun d'eux; tel est mon sort. Si une fille comme moi est impunément ballottée par des êtres de cette espèce, il faudra croire au fatalisme. Vengeons-nous à la fois de tous nos adversaires. Bannissons Mondor et son valet, et punissons Hortense, en la forçant d'être heureuse.

SCENE XIV.

AUGUSTE, MARTON.

AUGUSTE, accourant, hors de lui.

Marton, ma chère Marton, tu me vois au désespoir. Je suis abandonné, haï, assassiné!

MARTON, à part.

Ah! voilà mon vengeur! (*Haut.*) Qu'avez-vous donc, Monsieur?

AUGUSTE.

Je me suis jeté aux genoux d'Hortense, j'ai supplié, j'ai menacé, j'ai pleuré; elle ne veut rien entendre. Je vais la perdre, et il faut que je me taise: elle me l'a ordonné.

MARTON.

Elle vous l'a ordonné!

AUGUSTE.

Mais d'une manière si pressante et si douce, que l'Amour lui-même eût cédé à la séduction. J'étais à ses pieds; je ne suis pas éloquent, mais le langage du coeur a de la véhémence, et je ne suivais que l'impulsion du mien. Elle écoutait et paraissait émue. Bientôt elle détourne la tête, en oubliant sa main. Je la saisis; je la baise.... Avec quelle ardeur je la baisai, cette main!

MARTON.

Je connais cela, après?

AUGUSTE.

Elle veut la retirer, j'ose lui résister pour la première fois de ma vie; sa main me reste, et je la baise encore. Ses yeux alors se tournent vers moi: ils sont mouillés, mais n'expriment pas de colère. Leur douceur m'enhardit.... je l'embrasse... Ah! Marton, comme on embrasse ce qu'on adore et ce qu'on va perdre! Tout à coup elle s'échappe de mes bras, fuis à l'extrémité de l'appartement, et prenant un air sévère : Finissez, Monsieur, me dit-elle, vous n'êtes plus un enfant, et ces libertés me déplaisent. Je me marie, respectez un lien sacré. Je réplique, elle insiste… Je m'emporte…. Alors, Marton, alors cette femme, oubliant son empire, descend à la prière, emploie à la fois et l'ascendant de la vertu, et le pouvoir magique de la beauté. Sa colère avait excité la mienne, sa douceur, sa bonté me laissent sans force. Je promets de ménager Hortense, de respecter Mondor. Ma promesse me coûtera mon repos, mon bonheur, et peut-être ma vie; mais je me serai immolé à ce que j'aime.

MARTON.

Non, Monsieur, on ne meurt pas d'amour, et à votre âge on est heureux quand on veut l'être. Céder à une femme attendrie et suppliante!

AUGUSTE.

Que pouvais-je faire?

MARTON.

Son bonheur.

AUGUSTE.

Eh! comment?

MARTON.

En la forçant de renoncer à un mariage de raison, pour épouser Auguste qu'elle aime, quoiqu'elle veuille se le dissimuler.

AUGUSTE.

Elle m'aime, dis-tu?.. Elle m'aime?…

MARTON.

Il faut être aussi modeste pour ne pas s'en apercevoir, et aussi enfant pour n'en pas profiter.

AUGUSTE.

Marton, ma fidèle Marton, ma seule, mon unique amie, éclaire-moi, conseille-moi, conduis-moi. Tu me rends à la vie, en me rendant à l'espoir; dis-moi, que dois-je faire pour…

MARTON.

Déclarez tout à M. Mondor, peignez-lui votre amour, votre douleur; laissez entrevoir que vous êtes payé du plus tendre retour.

AUGUSTE.

Hortense me désavouera.

MARTON.

Que vous importe? Mondor est vieux, il doit être jaloux. Qu'il renonce à Hortense, ce soir elle est à vous: d'ailleurs vous ne ferez que confirmer à Mondor ce que son valet lui aura déjà dit, et ce que peut-être il n'aura pas voulu croire.

AUGUSTE.

Quoi! Dumont saurait?……

MARTON.

Oui, Dumont sait qu'on vous aime; Mondor doit le soupçonner, moi j'en suis assurée, ma maîtresse le sent, il n'y a que vous dans toute la maison qui ne vous en doutiez pas.

AUGUSTE.

Mais j'ai promis à ma belle cousine…..

MARTON.

Vous avez promis…. mais vaincu par les prières d'Hortense, égaré par votre délicatesse, contenu par la crainte de lui déplaire…

AUGUSTE.

Oh! oui, oui, Marton, tout cela est bien vrai.

MARTON.

Eh bien! Monsieur, tout acte qui n'est pas libre, parfaitement libre, ne saurait nous engager.

AUGUSTE, vivement.

Tu as raison, tu as raison.

MARTON.

Ne dites rien de notre petit complot; restez ici, attendez Mondor, ne le tuez pas; de l'éloquence, de la fermeté, l'amour fera le reste.

SCENE XV.

AUGUSTE.

Ah! Marton est charmante. Oui, j'ai promis trop légèrement, et un serment arraché ne m'oblige à rien. Le voici, ce rival heureux; modérons-nous, et abordons-le.

SCENE XVI.

DUMONT, MONDOR, AUGUSTE.

MONDOR, à Dumont, en entrant.

J'en ai assez entendu: le notaire est averti, je lui ai fait sa leçon, le reste me regarde.

AUGUSTE, avec timidité.

Monsieur, vous voulez épouser….. vous allez épouser…..

MONDOR, à Dumont, en dissimulant.

Quel est Monsieur?

DUMONT.

C'est M. Auguste, le cousin et l'ami…..

MONDOR.

Monsieur Auguste, que j'ai vu si jeune, si intéressant, dont la physionomie promettait?…

DUMONT.

Et dont la physionomie a tenu parole.

MONDOR.

J'étais loin, Monsieur, de vous croire ici. Hortense ne m'a pas parlé de vous, Marton a gardé le même silence, tout cela m'étonne un peu, je l'avoue: au reste, vous voilà, j'en suis charmé; vous serez de ma noce, et vous l'embellirez.

AUGUSTE.

Je serai de votre noce!…. vous croyez?…. Vous ne doutez pas que votre triomphe……

MONDOR.

Qu'avez-vous, Monsieur, vous paraissez troublé?

AUGUSTE.

Je suis dans un état impossible à dépeindre.

MONDOR.

Vous m'alarmez, mon cher ami.

AUGUSTE.

Dites-moi d'abord, Monsieur, aimez-vous beaucoup ma cousine?

MONDOR.

Eperdument.

DUMONT, à MONDOR.

Eh! non, Monsieur, non; c'est convenu.

MONDOR, à Dumont.

Va-t'en.

DUMONT.

Mais, Monsieur.

MONDOR.

Va-t'en, te dis-je.

SCENE XVII.

MONDOR, AUGUSTE.

AUGUSTE.

Sérieusement, Monsieur, vous l'aimez éperdument?

MONDOR.

Cela vous étonne?

AUGUSTE.

Au contraire, Monsieur; mais c'est que votre amour…..

MONDOR.

Mon amour?…

AUGUSTE.

C'est que votre amour…..

MONDOR.

Ne s'accorde peut-être pas avec vos désirs secrets? A votre âge, Monsieur, on aime facilement: à votre âge, on est fort aimable; mais à votre âge, on ne se marie pas, ou on a tort.

AUGUSTE.

On se marie bien au vôtre, Monsieur.

MONDOR.

On a peut-être tort aussi: cependant la comparaison n'est pas juste.

AUGUSTE.

Pour ceux qu'elle humilie.

MONSOR, avec une feinte colère.

Monsieur, vous me tenez des propos…..

AUGUSTE, avec fierté.

Vous blessent-ils, Monsieur?

MONDOR, à part.

Il est brave; voyons s'il est délicat. (*Haut.*) Avant de nous brouiller tout-à-fait, ne serait-il pas prudent de nous entendre, et de nous expliquer?

AUGUSTE.

Soit, Monsieur, expliquons-nous: vous aimez Hortense, et je l'adore; vous l'épousez, et moi……

MONDOR.

Jusqu'ici je ne vois pas de raisons qui puissent me faire renoncer à sa main.

AUGUSTE.

Vous n'en voyez pas, Monsieur?... Moi, j'en vois mille.

MONDOR.

Ah! ah!

AUGUSTE.

Et une seule doit suffire.

MONDOR.

Eh bien! Monsieur, voyons cette raison.

AUGUSTE.

C'est que…. (*A part.*) Non, elle ne me le pardonnerait jamais.

MONDOR.

Enfin, cette raison?

AUGUSTE.

C'est que…..

MONDOR.

C'est qu'Hortense vous aime, peut-être?

AUGUSTE, vivement.

Je ne dis pas cela.

MONDOR.

Elle a agréé ma recherche, l'instant de notre hymen est fixé; c'est un sentiment de préférence qui la détermine. (*Ici Auguste fait un mouvement.*) Oui, Monsieur, un sentiment de préférence, ce sont ses propres expressions. Je la crois, parce que je l'estime. Si elle vous eût aimé, peut-être eussé-je sacrifié mon amour.

AUGUSTE, très-vivement.

Vous l'eussiez sacrifié!…. vous l'eussiez sacrifié!…. Ah
! Monsieur.

MONDOR.

Mais Hortense ne vous aime pas, n'est-il pas vrai, elle ne vous aime pas? Prenez garde, Monsieur, qu'un mot hasardé peut nuire à la réputation d'une femme estimable.

AUGUSTE.

Eh! Monsieur, que me demandez-vous? Je vais vous dévoiler mon ame, vous y lirez comme moi. Qu'importe que je sois aimé d'Hortense, que vous importent ses sentimens secrets, puisque vous connaissez sa vertu? Mais, Monsieur, c'est à la dernière extrémité que je vous implore. A votre âge, on surmonte l'amour: au mien, c'est un poison qui brûle, qui dévore. Vous avez toute votre raison, et la mienne n'est qu'à son aurore. Je voudrais vous aimer, je le désire, je le puis; ayez pitié de mes tourmens, ne me forcez pas à vous haïr.

MONDOR.

Monsieur, vous me dites là des choses très-intéressantes, très-vivement senties, mais qui éludent ma question. Répondez net, s'il vous plaît. Si Hortense vous aime, si seulement elle vous a donné lieu de le croire, je vous la cède; elle m'a trompé, et je la méprise. Si au contraire……

AUGUSTE, avec force.

Monsieur, estimez ma cousine, et épousez-la.

MONDOR, à part.

C'est un honnête homme, et je suis content de lui.

SCENE XVIII.

MONDOR, HORTENSE, AUGUSTE.

HORTENSE, embarrassée.

Monsieur, notre mariage, qui m'a singulièrement préoccupée…….

MONDOR, à part.

Je le crois.

HORTENSE.

Les préliminaires….. les préparatifs…..

AUGUSTE.

Que va-t-elle dire?

HORTENSE.

Tout ce qui tient enfin à une affaire majeure, m'a fait perdre de vue des intérêts moins pressans.

MONDOR, à part.

La conversation va s'animer.

HORTENSE.

J'ai négligé de vous parler de mon cousin… de mon cousin…. que j'aime.

MONDOR, avec intention.

Et qui mérite de l'être.

HORTENSE.

Oui, Monsieur.

MONDOR.

Eh! Madame, quoi de plus simple? vous aimez votre cousin, c'est bien naturel. Il est charmant, le petit cousin, et près de toute autre femme il pourrait être dangereux.

HORTENSE.

Vous vous plaisez aujourd'hui à me dire des choses désagréables.

AUGUSTE, à part.

S'ils pouvaient se brouiller!

MONDOR.

Croyez-moi, Madame, ne perdons pas un tems précieux à disputer sur des mots; revenons, s'il vous plaît. (*La contrefesant.*) Vous avez négligé de me parler de votre cousin….. de votre cousin….. que vous aimez.

HORTENSE, vivement.

Comme on aime un parent.

MONDOR.

C'est bien ainsi que je l'entends. Poursuivez, Madame.

HORTENSE, avec beaucoup d'embarras.

J'ai réfléchi, Monsieur…. j'ai réfléchi….

MONDOR.

Vous avez réfléchi?…

HORTENSE.

Et je l'éloigne de moi.

AUGUSTE, bas à Hortense.

Que dites-vous, Madame?

MONDOR, à part.

Elle l'éloigne, elle le craint.

HORTENSE.

Il est tems qu'il s'occupe de son état et de sa fortune: je l'aiderai de la mienne, et vos conseils guideront sa jeunesse.

AUGUSTE, bas à Hortense.

Je ne partirai pas, c'est un parti pris.

MONDOR.

Je ne vois pas qu'il faille pour cela l'éloigner de vous. Je vais être son parent, et votre affection lui est un sûr garant de la mienne. Vous avez commencé son éducation, il faut la finir; nous le devons, et je vous prie de ne pas vous y opposer.

AUGUSTE, bas à Hortense.

Rendez-vous, cruelle, ou je vais éclater.

HORTENSE, bas à Auguste.

Si vous dites un mot, je ne vous parle de ma vie. (*A Mondor.*) Croyez, Monsieur, que je n'agis pas sans de fortes raisons.

MONDOR.

Il serait dangereux peut-être de vouloir les approfondir: je vous avoue cependant que celles que vous m'opposez ne me persuadent pas, m'étonnent, et peuvent donner lieu à d'étranges soupçons.

HORTENSE.

Eh bien! Monsieur, sachez que je ne fais rien que pour prévenir ces soupçons. Je vais vous faire une confidence dictée par l'honneur, et nécessaire à mon repos: ce jeune homme m'aime.

MONDOR.

Je le sais, Madame.

HORTENSE.

Mais il m'aime… d'amour.

MONDOR.

Je le sais, Madame.

HORTENSE.

Vous le savez, Monsieur?

AUGUSTE.

Oui, Madame, oui, Monsieur le sait.

HORTENSE.

Et vous trouvez étrange que je l'éloigne?

MONDOR, ironiquement.

Oui, Madame, puisque vous n'avez pour lui que de l'amitié.

HORTENSE.

Vous ne cherchez qu'à me tourmenter, Monsieur. Si je ne l'aime pas, vous devez louer ma prudence; si je l'aime, vous devez me savoir gré de mon sacrifice; mais les hommes sont injustes, sont ingrats, sont….

MONDOR.

Tout ce qu'il vous plaira, Madame. Une jolie femme n'a jamais tort avec moi.

HORTENSE.

Un compliment ne réparera pas ce que vos propos ont de piquant.

AUGUSTE, avec humeur.

Monsieur ne vous a rien dit que de très-sensé, Madame; et c'est vous qui prenez tout si singulièrement aujourd'hui…

HORTENSE, à Auguste.

Joignez-vous à Monsieur, je vous le conseille, je vous en prie ; ces deux hommes sont cruels! l'un m'excède…

MONDOR, l'interrompant.

Duquel parlez-vous, Madame?

AUGUSTE.

Quoiqu'il en soit, je ne partirai pas. Je vous adore; votre époux le sait; il veut que je reste, et bien certainement je lui obéirai. Il est raisonnable, lui… et vous!…… Ah! cousine, n'est-ce pas assez de vous perdre, sans être forcé de m'éloigner? Je n'ai plus de parens, je n'ai que vous au monde qui s'intéresse à moi, que deviendrai-je si je vous quitte? Jeune, sans expérience, obligé de me distraire d'une passion malheureuse, je me livrerai malgré moi aux erreurs de mon âge : vous le saurez, et vous en serez tourmentée. Si je reste, au contraire, vos conseils, votre vertu, votre amitié douce et compatissante rétabliront insensiblement la paix dans mon ame. Je puiserai dans vos yeux la force de supporter mon sort. Ma cousine! ma belle cousine! (*Il tombe à ses genoux, et lui baisant la main.*) Ne me chassez pas, je vous en conjure; ce serait m'arracher la vie!

MONDOR, passant entre Hortense et Auguste.

Bien! cousin, bien!

HORTENSE.

Vous chasser! vous chasser! Je n'en ai jamais eu l'idée; mais il me semble qu'une absence de quelques mois…

AUGUSTE, à Mondor.

Monsieur, parlez pour moi, je vous en prie.

MONDOR.

Malgré la nouveauté du personnage qu'on me fait jouer, je dois vous représenter, Madame, que tant de précipitation peut donner à penser à un monde toujours injuste et malin. On croirait peut-être que le départ de Monsieur serait l'effet de ma jalousie, et je ne suis pas jaloux.

HORTENSE, piquée.

Vous n'êtes pas jaloux?

MONDOR.

Non, Madame, je ne suis pas jaloux. Je verrais Monsieur passer sa vie à vos pieds, que je n'en prendrais pas le plus léger ombrage.

AUGUSTE, à Hortense.

Eh bien! je ne lui fais pas dire.

HORTENSE, à part.

Quel insupportable homme!

SCENE XIX.

LES PRECEDENS, MARTON, DUMONT, LE NOTAIRE.

DUMONT, annonçant.

Votre notaire.

MONDOR, allant au-devant du notaire.

Approchez, Monsieur, approchez.

AUGUSTE, s'asseyant.

Mon coeur s'en va.

HORTENSE, s'asseyant de l'autre côté.

Comme il souffre, ce pauvre enfant!

LE NOTAIRE, deux contrats à la main, bas à Mondor.

Avez-vous deviné?

MONDOR.

Parbleu! regardez le jeune homme.

LE NOTAIRE.

Charmant! en vérité. (*Prenant le contrat de dessous.*) En ce cas, c'est ce contrat-ci.

MONDOR, présentant la plume à Hortense.

Madame veut-elle signer?...

(Hortense signe d'un air triste.)

MARTON.

Elle a signé! Ah! la pauvre femme!

DUMONT.

Mon maître ne signera pas.

LE NOTAIRE, à Mondor qui a pris la plume pour signer.

Plus bas, plus bas encore.

MONDOR, signant.

Ah! j'entends.

MARTON, à Dumont.

Eh bien! qu'en dis-tu?

DUMONT.

Diable emporte si je m'y attendais!

MONDOR.

Et le petit cousin? Il nous fera aussi le plaisir de signer au contrat. (*Il présente à Auguste la plume et le contrat.*) Ici, cousin, ici. (*A part.*) Comme la main lui tremble....... ce cher enfant! il faut lui rendre ses forces. (*Haut.*) Eh! mais.... j'oubliais.... étourdi que je suis! Madame a signé sans connaître les articles...

HORTENSE, très-froidement.

Monsieur, je m'en rapporte absolument à vous….

MONDOR.

Cela ne suffit pas. Je crois que les clauses principales ne vous déplairont pas; mais il faut que vous sachiez… (*Au notaire.*) Lisez, Monsieur, lisez.

LE NOTAIRE, lisant.

Par devant, et caetera….. Sont comparus Monsieur Auguste Vercour, et Dame Hortense….

HORTENSE, se levant précipitamment.

Monsieur, quelle est cette nouvelle plaisanterie?

MONDOR.

Celle-ci vaut bien les autres, convenez-en?

AUGUSTE.

Quoi! Monsieur…

MONDOR.

Te voilà bien certain de ne pas partir, à moins que Madame ne veuille congédier son époux.

AUGUSTE, sautant au cou de Mondor.

Ah! mon bon ami, mon bon ami!

HORTENSE.

Je n'y consentirai jamais.

MONDOR.

Vous voulez qu'on vous prie…

MARTON, à Mondor.

Pour la forme.

MONDOR.

Oui, pour la forme.

HORTENSE.

Toujours des impertinences?

MONDOR.

Vous n'aurez pas de peine à me pardonner celle-ci.

HORTENSE.

Mais, quelle folie! me faire épouser un enfant!

MONDOR.

Eh! qu'importe?

HORTENSE.

Que dira le monde?

MONDOR.

Tout ce qu'il lui plaira. Monsieur est jeune, mais il a une belle ame, il m'en a convaincu. Vous serez heureuse, Auguste le sera, je le serai de votre commun bonheur. Nous laisserons dire les sots, et nous jouirons de la vie.

HORTENSE, avec une joie qu'elle voudrait dissimuler.

Vous êtes un terrible homme! vous me faites faire tout ce que vous voulez.

AUGUSTE, sautant.

Elle est à moi!

MONDOR.

Vous m'épousiez par raison, l'amour vous parlait pour ce jeune homme, je m'en suis aperçu, car enfin je n'ai pas cinquante ans pour rien, et je me suis dit: " Il faut savoir aimer ses amis pour eux-mêmes ".

FIN DE L'AMOUR ET LA RAISON.

Milton Keynes UK
Ingram Content Group UK Ltd.
UKHW030845141124
451205UK00005B/469